유교를 창시한 사상가 · 공자

추천 | 한국아동문학연구회
1982년에 창립된 한국아동문학연구회는 아동 문학가 엄기원 선생님을 비롯,
우리 나라 아동 문학에 커다란 영향을 끼친 작가분들로 이루어진 단체입니다.
한국아동문학연구회에서는 신인 아동 문학가 발굴과 동화 구연 대회 및 여러
세미나를 통해 우리 나라 아동 문학 발전에 큰 기여를 하고 있습니다.

감수 | 김동철(현 안성 죽산 초등학교 교사) · 박홍남(현 상인천 초등학교 교사)
이대효(현 동대전 초등학교 교감) · 정승천(현 안산 석호 초등학교 교사)
정필성(현 수원 연무 초등학교 교사) · 조평섭(현 광주 본촌 초등학교 교사)

글 | 전부연
문예 창작학을 공부하고 좋은 책을 만드는 회사 비단 구두에서 편집 기획자로
일하고 있습니다. '세 살적 읽은 책이 아이의 미래를 바꾼다.' 는 믿음으로 아이들에게
도움이 되는 글을 쓰고자 하는 미래의 베스트셀러 작가입니다.

그림 | 김옥재
동양화를 공부하였고, 그림 동화 모임인 다비전 회원입니다.
프리랜스 일러스트레이터로 활동하며, 작품으로는 〈청소년 토지〉, 〈참을성 내기〉,
〈우렁이 색시〉, 〈황희〉, 〈바람에 날아간 새털〉, 〈사이좋은 형제〉 등이 있습니다.

펴낸이 | 이대철 **펴낸곳 |** (주)한국슈바이처
기획편집 총괄 | 김학훈 **편집 진행 |** 이철민 **편집 |** 지민이 · 강은일
디자인 책임 | 오영희 **디자인 |** 이하나
주소 | 경기도 하남시 신장동 564-3 새하남 B/D 8F **대표전화 |** (031)793-1618
전송 | (031)793-6841 **출판등록번호 |** 2001년 5월 17일 2009-45172호
고객 상담전화 | 080-232-1618 **홈페이지 |** www.skkidbook.co.kr

자료 협조
AFP Photos, Corbis Corporation, EURO PHOTO SERVICE CO., LTD,
Getty Images, Graphic Communication Network, Q-vision, LEGO Group,
John Foxx Digital Vision Co., Ltd, United Nations, Yonhap Photo

• 사진 저작물의 초상권자와 저작권자를 찾지 못한 일부 사진에 대해서는
  확인되는 대로 동의를 받겠습니다.

ⓒ Korea Schweitzer Co., Ltd.
이 책에 실린 글과 그림의 일부 또는 전부를 무단 복제하거나 전산 장치에
저장하거나 전파할 수 없습니다.

⚠ 주의 책의 모서리가 뾰족해서 던지거나 떨어뜨리면 다칠 우려가 있으니 주의하십시오.
잘못 만들어진 책은 바꾸어 드립니다. Printed in Korea

유교를 창시한 사상가

공자

글 전부연 | **그림** 김옥재
감수 김동철(안성 죽산초교 교사 외)

(주)한국슈바이처

"제발, 아들 하나만 낳게 해 주세요."
중국 노나라의 한 여인이 날마다 산에 올라 하늘에 기도했어요.
하늘도 그 정성에 감동했는지 여인에게
아들을 갖게 해 주었어요.
갓 태어난 아이의 머리는 볼록 솟아 있었어요.
"머리가 마치 언덕 같으니 이름을 '구'라고 합시다."
'공구'는 아버지가 지어 준 공자의 어릴 때 이름이에요.
공구는 세 살 때, 아버지를 여의고 어머니와 어렵게 살았어요.
열다섯 살에 공부를 시작한 공구는,
하루가 다르게 실력이 늘어 이름을 떨치게 되었답니다.
그러자 공구의 가르침을 받으려는 사람들이 그를 찾아왔어요.
그 때부터 공구는 '공자'라는 이름으로 불리게 되었어요.

▲ 공자가 태어난 부자동

공자가 살던 시대에는
신분이 높은 사람만 공부를 할 수 있었어요.
하지만, 공자는 신분이 높고 낮음에 관계 없이 배우고자
하는 마음만 있다면 가르쳐야 한다고 생각했어요.
"스승님, 왜 저런 천한 자를 제자로 받아들이셨습니까?"
한 제자가 공자를 찾아온 가난한 청년을 가리키며 말했어요.
"저 젊은이는 오로지 배우기 위해서 나를 찾아 이 곳에 왔다.
그 마음 하나면 되느니라."
공자는 제자들을 열심히 가르쳐 덕이 있는
사람이 되도록 했어요.
백성들이 살기 좋은 세상을 만드는 것,
그것이 바로, 공자가 꿈꾸는 세상이었답니다.

공자는 서른다섯 살 때, 권력 싸움에서 패배한 임금을 따라 제나라로 갔어요.

공자는 그곳에서 '소'라는 음악을 즐겨 들었어요. 소는 순임금의 덕을 기린 곡으로, 여러 악기가 모여 하나의 소리를 이루는 궁중 음악이에요.

"음악으로 마음을 다스리면 세상은 아름다워질 것이다."

공자는 소를 연주하고 듣는 동안, 밥을 먹는 것조차도 잊을 정도로 음악에 심취했어요.

"좋은 음악을 들어라. 그러면 혼란스런 마음이 평화를 얻을 것이다."

공자는 좋은 음악을 자주 들어야만, 세상이 평화로워질 것이라고 생각했답니다.

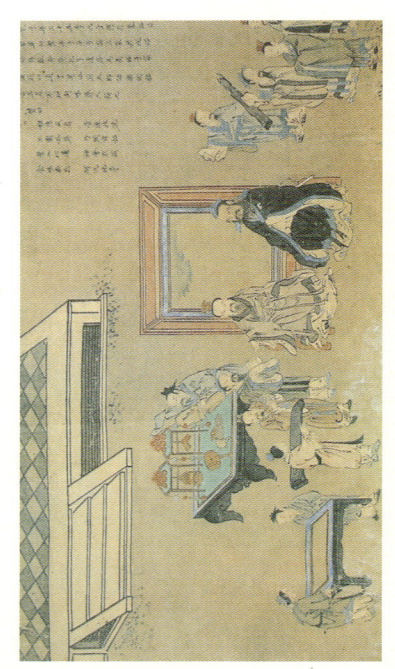

제나라에서 소를 듣는 공자

어느 날, 제나라의 왕이 공자에게 물었어요.
"나라를 잘 다스리려면 어떻게 해야 하는지 공자님의 생각을 듣고 싶소."
"임금은 임금답고, 신하는 신하답고,
아버지는 아버지답고, 자식은 자식다워야 합니다."
공자는 모두가 각자 맡은 일에 최선을 다할 때 비로소
나라가 편안해진다고 대답했어요.

"임금이든 백성이든 자신의 일에 최선을 다하면 된다는 말이오?"
"그렇답니다."
그 말에 깊은 감명*을 받은 왕은 고개를 끄덕였어요.
왕은 공자를 옆에 두고 나랏일을 하고 싶어했답니다.
하지만, 이를 시기한 신하들의 반대에 부딪혀
공자는 제나라를 떠날 수밖에 없었어요.

*감명 : 깊이 느끼어 마음 속에 새겨 둠.

노나라로 돌아온 공자는 제자들을 가르치며 학문에만 힘썼어요.
"세 사람이 함께 길을 걸을 때, 다른 두 사람에게 배울 수 있다.
좋은 점은 배우고 나쁜 점은 배우지 않도록 해라."
이렇듯 공자는 누구에게나 배울 점이 있다는 것을 강조했어요.
쉰한 살 때, 공자는 '중도'라는 곳을 다스리게 되었어요.

공자가 아랫사람을 함부로 대하지 않고 모든 사람을 존중해 주자,
중도는 살기 좋은 곳이 되었어요.
상인들은 가격을 속이지 않았고, 길에 떨어진 물건을 가져가는 사람도
없었어요. 또, 밤에 문을 열어 놓아도 도둑이 들지 않았답니다.
"공자님이 다스리니 모든 것에 질서가 있구나!"
백성들은 공자의 다스림에 만족해했어요.

하루는, 공자가 제자들과 함께 태산을 지날 때였어요.
한 여인이 슬프게 울고 있는 것이었어요.
공자의 제자인 자공이 여인에게 다가갔어요.
"왜 이리 슬피 울고 계십니까?"
"우리 집안 남자들이 모두 호랑이에게 물려 죽었답니다."
"그렇다면, 부인도 호랑이에게 잡아먹힐 수 있으니, 어서 이 곳을 빠져 나가야지 왜 이 곳에 남아 있는 것입니까?"
자공의 물음에 여인이 눈물을 닦으며 말했어요.
"하지만, 이 곳에는 가혹*한 정치는 없는 걸요."
이 말을 들은 공자는 제자들에게 일렀어요.
"가혹한 정치는 호랑이보다 무섭다는 것을 기억해 두어라."

*가혹 : 몹시 까다롭고 혹독함.

▲ 태산 전경

어느 날이었어요.
제나라의 임금은 노나라 임금에게 예쁜 여인들과 멋진 말을 보내 왔어요.
노나라 임금은 여인들과 밤마다 잔치를 벌이며 나랏일을 멀리했어요.
"임금님께서는 어찌하여 나라를 돌보지 않으십니까?
백성들을 생각해서라도 나랏일에 신경을 쓰셔야 할 것이옵니다."
공자가 노나라 임금에게 충고했지만, 임금은 말을 듣지 않았어요.
노나라 임금에게 실망한 공자는, 노나라를 떠나기로 했어요.
"세상을 돌아다니며 뜻을 펼칠 곳을 찾아야겠다."
공자는 자신의 뜻을 펼칠 나라를 찾아 긴 여행을 떠났어요.
무려 14년 동안 안회와 자로 등 여러 명의 제자들이
그의 뒤를 따랐답니다.

시나브로

공자가 살던 시대의 중국은 여러 나라로 갈라져 있었어요.
서로 땅을 차지하려고 전쟁을 일삼는 어지러운 시대로
'춘추 전국 시대' 라고 한답니다.

공자와 제자들은 제일 먼저 위나라로 갔어요.
위나라 제구의 거리에는 사람들로 넘쳐났어요.
"백성들이 아주 많구나!"
공자의 감탄에 제자인 염구가 물었어요.
"스승님, 백성이 많아지면 무엇을 해야 합니까?"
공자가 눈을 지그시 감으며 말했어요.

시나브로

공자의 제자 중 학식과 덕행이 뛰어난 10명의 제자를 가리켜 '공문 십철'이라고 합니다.
공문 십철은 '사과 십철'이라고도 하며, 사과는 덕행·언변·정사·문학을 말합니다. 덕행에는 안회·민자건·염백우·중궁이, 언변(말솜씨)에는 재여와 자공이, 정사(정치에 관계되는 일)에는 염구와 자로가, 문학에는 자유와 자하 등이 있습니다.

공자와 10명의 제자를 묘사한 공문 십철

"백성을 부유*하게 만들어야 하느니라."
"그 다음에는 무엇을 해야 합니까?"
이에 공자가 대답했어요.
"그들을 가르쳐야 하느니라."
공자는 올바른 가르침으로 백성들을 이끌어
나갈 것을 다시 한 번 강조했어요.

*부유 : 재물이 넉넉함.

초나라로 향하던 공자와 제자들은
진나라와 채나라의 나쁜 관리들에게 포위당했어요.
"이제 네놈들은 굶어 죽게 될 것이다."
음식을 못 먹는 상황에서도 공자는 평소와
다름없이 거문고*를 타고 책을 읽었어요.
한동안 그 모습을 지켜 보던 제자 자로가 공자에게 말했어요.
"스승님, 군자도 이처럼 가난하고 구차할 때가 있습니까?"
"군자는 이런 때일수록 꿋꿋하지만, 소인은 선을 넘고야 만다."
위기에 처한 상황에서도 동요하지 않는 공자의 말에
자로는 부끄러워하며 자리를 떴어요.

*거문고 : 밤나무와 오동나무를 붙인 통 위에 6개의 줄을
걸어 놓은 현악기로, 왼손으로 줄을 짚고
오른손으로 술대를 잡아 줄을 튕겨 연주함.

▲ 공자가 〈춘추〉를 지었다는 식추촌

공자가 여러 나라를 여행하고 있는 사이, 노나라에
남아 있던 제자들은 주어진 자리에서 최선을 다하고 있었어요.
노나라의 제후인 계강자는 염구를 장군으로 임명했어요.
염구는 제나라와의 전쟁에서 이기고 돌아왔어요.
"어디에서 군사에 관한 것을 배웠느냐?"
계강자가 기뻐하며 말했어요.
"제 스승 공자님에게서 배웠습니다."
계강자는 공자를 노나라로 불렀지만, 벼슬을 내리지는 않았어요.
'공자처럼 위대한 사람을 곁에 두면, 백성들이 나 대신 공자를 우러러보겠지?'
계강자뿐 아니라 공자가 거친 여러 나라의 임금들도
이런 이유로 공자를 곁에 두지 않았어요.
그래서 공자는 나랏일에서 물러나 책을 쓰는 데에 전념했어요.
〈시경〉, 〈서경〉, 〈춘추〉 등을 편찬해 제자들을 가르칠 때 썼답니다.

공자가 노나라로 돌아온 지 얼마 안 되어
아들 공리가 죽었어요.
아들을 잃은 슬픔이 채 가시기도 전에
공자가 아끼던 제자인 안회도 세상을 떠났어요.
안회는 가난한 환경에서도 묵묵히 학문을 닦는 데
전념*해서 공자의 사랑을 듬뿍 받은 제자였어요.
"아, 하늘이 나를 버렸구나!"
아들과 안회의 죽음에 충격을 받은 공자는,
슬픔을 이기지 못하고 시름시름 앓았어요.
"태산은 무너지는가? 대들보는 허물어지는가?
철인은 병들었는가?"
어느 따뜻한 봄날, 공자는 뜰에 나와 시를 한 수
짓고는 그만 몸져누웠어요.

*전념 : 오직 한 가지 일에만 마음을 씀.

"태산이 무너지면 나는 어디를 우러러보나?
대들보가 허물어지고, 철인이 병들면
나는 어디에 의지해야 하나?"
자공은 병이 든 공자를 보며 눈물지었어요.
공자가 일흔셋의 나이로 숨을 거두자,
제자들은 3년 동안 상복*을 입고 그를 그리워했어요.
그 후, 제자들은 공자의 뜻을 이어받아
훌륭한 관리가 되어 나라 발전에 이바지했어요.
살기 좋은 세상을 만들기 위해 힘쓴 공자는,
오늘날까지도 '동양의 별'이라 칭송*받고 있답니다.

*상복 : 상중에 입는 예복으로, 성긴 베로 지으며
　　　바느질을 곱게 하지 않은 옷.
*칭송 : 칭찬하여 일컬음.

공자의 생활사 박물관

| 유교의 창시자 |

공자는 그리스도, 석가모니, 마호메트와 함께 세계 4대 성인으로 추앙받는 사상가이며, 교육가·정치가이며 유교의 창시자이기도 합니다. 올바른 가르침으로 백성을 변화시켜 좋은 세상을 만들고자 했던 공자의 사상은, 그의 제자들에 의해 정리되어 세상에 널리 전파되었습니다.
특히 공자의 사상은 우리 나라의 문화와 생활에 큰 영향을 주었습니다.

▲ 공자가 태어날 당시의 상황을 묘사한 그림

◀ 공자가 태어난 부자동

▲ 부자동에 있는 공자의 일화를 묘사한 석상

▲ 공자가 소(중국 음악)를 듣던 곳

▲ 발굴된 공자비

▲ 공자환향사

▲ 공자가 〈춘추〉를 지었다는 곳

▲ 노나라 수도 곡부의 고성비

· 인물 파노라마

구요자의 세 가지 잘못

삼천 제자를 거느린 '공자'

공자가 제자들과 강가를 지날 때였어요.
한 남자가 강둑에 앉아 서글프게 울고 있는 거예요.
"저 사람에게 뭔가 슬픈 사연이 있는 듯하니, 가 보도록 하자."
공자는 제자들을 데리고 그 사람에게 다가갔어요.
"무슨 사연이 있어 슬프게 울고 있는 거요?"
"흐흐흑, 저는 구요자라고 합니다. 제가 이렇게 슬퍼하는 건, 세 가지 잘못을 저질렀기 때문입니다."
"세 가지 잘못이라니?"
"첫번째 잘못은, 학문을 좋아한 저는 어릴 때부터 지식을 얻기 위해 세상을 돌아다녔습니다. 이제 배울 만큼 배웠다고 생각하고 집으로 돌아와 부모님을 모시려고 했습니다. 그런데 부모님께서 이미 세상을 떠나신 것입니다."
"으음, 그렇다면 두 번째 잘못은 무엇이오?"
구요자는 소매로 눈물을 훔치며 말을 이었어요.
"한때 저는 임금님을 모시는 벼슬 자리에 있었습니다. 그런데 임금님은 나랏일을 돌볼 생각은 않고 사치와 향락에 빠져 세월을 보냈답니다. 신하된 자로서 목숨을 걸고라도 임금님의 잘못을 얘기했어야 했는데 하지 못했답니다."
"세 번째 잘못은 무엇이오?"
"흐흐흑, 벗을 가볍게 여긴 일입니다. 벗이 가까이 있을 때에는, 그들이 소중한지 미처 몰랐습니다. 그러나 이제 뿔뿔이 헤어지고 나니, 벗이 얼마나 소중한지를 알게 된 게 세 번째 잘못입니다."
말을 마친 구요자는 고개를 숙인 채 좀전보다 더 큰 소리로 울어댔어요.
공자는 제자들을 돌아보며 이렇게 말했어요.
"구요자의 말에는 진리가 담겨 있으니, 가슴 속 깊이 새겨 두거라."

▲ 예의 법도에 따라 삼환씨의 성곽을 허문 공자

▲ 협곡에서 제나라의 임금과 만나는 공자

▲ 제나라에서 보낸 여악사들과 말들

▲ 제나라에서 소를 듣는 공자

▲ 노나라로 돌아가는 공자

▲ 사양자에게 거문고를 배우는 공자

▲ 공자의 등용을 막는 자서

▲ 공자의 등용을 막는 안영

▲ 태산 전경

태산 입구 ▶

▲ 태산 공자등림처

▲ 공자입주문례처비
공자가 주나라에 와서 예를 물은 곳을 기념하는 비

▲ 태산 첨노대

▲ 곡부의 공림
오른쪽의 커다란 무덤이 공자 묘이고, 정면의 건물 자리는 제자 자공이 초당을 지었던 곳입니다.

▲ 태산 옥황정의 옥황 묘

▲ 태산에서 정치를 논하는 공자

▲ 경을 두드리는 공자

▲ 공자가 여러 나라를 다닐 때 함께 있던 10명의 제자를 묘사한 공문 십철

▲ 공자 사당을 세운 노나라의 애공

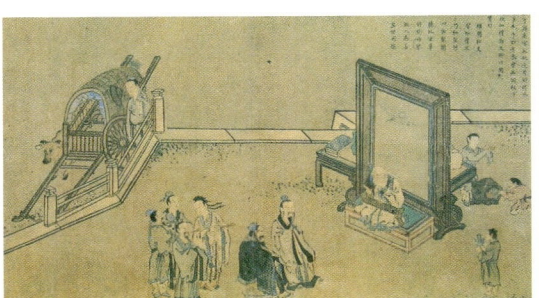
▲ 노자에게 예를 묻는 공자

인물 이야기 속 세계로의 초대

| 논어 |

〈논어〉는 공자와 그의 제자들이 토론하며 깨달음을 얻은 것, 공자의 말과 생각 등을 적어 정리해 놓은 책입니다. 모두 20편인데, 상·하 10편씩 나누어져 있어요.
사람은 반드시 배워야 한다는 것을 강조한 학이편(學而篇), 공자의 중심 사상인 인(仁)을 다루고 있는 이인편(里仁篇), 제자의 이야기를 다룬 공야장편(公冶長篇)과 옹야편(雍也篇) 등으로 구성되어 있지요.
유교의 창시자라 일컫는 공자의 〈논어〉는 유교의 경전과도 같아요. 우리는 〈논어〉를 통해 공자가 주장한 '인'의 중요성과 사람이 지켜야 할 도리를 깨달을 수 있답니다.

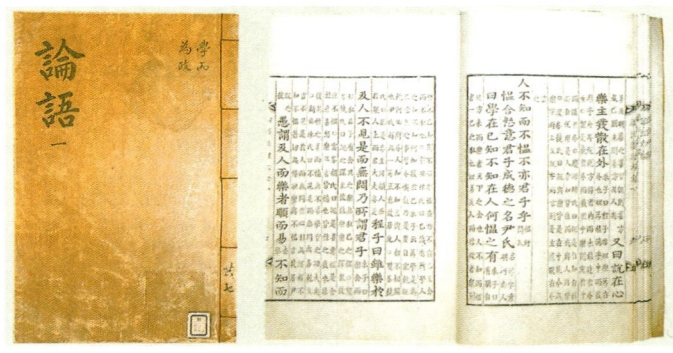

▲ 논어

▲ 황하에서 수레를 돌리는 공자

| 군자와 소인 |

군자와 소인은 서로 반대되는 성격을 가진 사람입니다.
군자는 정신을 생각하는 사람이고, 소인은 이익을 생각하는 사람이지요.
군자는 넓은 마음을 가지고 있음과 동시에 신념이 있어 당장의 이로움만을 찾지 않는 사람이에요.
소인은 궁지에 몰리면 무슨 짓을 할지 모르며, 자신에게 이로운 일이면 믿음을 저버리기까지 하지요.
또 군자는 남을 속이지 않으며 다른 이의 좋은 점을 강조하지만, 소인은 남을 속이며 다른 이의 나쁜 점을 강조합니다.
그래서 공자는 소인이 되지 말고, 군자가 되라며 인(仁)을 지키라고 했어요.
또 군자는 타고나는 것이 아니라 스스로 훈련을 통해 만들어지는 것이라며, 마음을 다스리고 노력할 것을 강조했답니다.

| 주유천하 |

공자는 노나라의 임금이 뇌물에 빠져 정사를 돌보지 않자, 자신을 알아주는 나라를 찾아가 뜻을
펼치고자 했어요. 그래서 55세의 나이에 제자들과 함께 노나라를 떠나 주유천하를 시작했지요.
주유천하란, 세상을 두루 돌아다니며 구경하는 것을 말해요.
공자는 무려 14년 동안이나 주유천하를 하며 중국의 여러 나라에 머물렀어요.
때로는 죽음의 위기에 몰리기도 하고, 왕의 사랑을 받기도 하며 넓은 세상을 경험하지만 결국 자신을
알아줄 나라를 찾지 못합니다. 68세에 노나라로 돌아온 공자는, 끝내 벼슬을 얻지 못하고 여러 책을
편찬해 제자들을 가르치는 데에 힘썼답니다.

| 인(仁) |

공자가 강조한 '인'은 '사람다움',
'사람을 사랑하는 것'을 말해요.
공자는 인간이 본래부터 갖고 태어난 성격이 바로
인이라고 생각했어요.
사람이 사람다운 행동을 하고, 서로를 사랑할 때 비로소
인이 실현된다고 했죠.
인은 인간 관계에 따라 다른 모습으로 보이게 돼요.
부부간에는 화목으로, 아버지와 자식간에는 자식을
사랑하고 부모에게 효도하는 것으로, 형제간에는
우애와 공손으로, 친구간에는 믿음으로, 임금과
신하간에는 충성으로 그 모습이 나타난다고 했어요.
즉 자신의 자리에서 사람다운 도리를 다할 때, 인이
그 모습을 드러내는 것이랍니다.

노나라를 떠나는 공자 ▲

공자에게 진법을 묻는 영공 ▲

• 생각해 볼까요 •

공자는 군자와 소인을 구분해 소인이 되지 말 것을 강조했어요.
의리 있고 믿음직스러운 사람이 군자요, 거짓말을 하며 남을 속이는 사람, 당장의 이로움만 보고,
믿음을 저버리는 사람이 소인이죠.
여러분이 생각하는 군자와 소인은 어떤 사람들인지 생각해 보세요.

공자의 생애

유교를 창시한 사상가

孔子

공자의 생애	기원전 552년 공자, 노나라에서 태어남	기원전 537년 15세, 학문에 뜻을 둠 기원전 531년 가축을 관리하는 벼슬을 함	기원전 504년 〈시〉,〈서〉,〈예〉,〈악〉을 편찬함. 제자가 점점 늘어남

기원전

그 무렵 우리는	기원전 700년경 청동기 주거지 형성	기원전 600년경 파주 덕은리 주거지 유적 형성	
그 무렵 세계는	기원전 550년 메디아 왕국이 페르시아 제국의 일부가 됨 기원전 545년 아테네, 페이시스트라토스의 참주정, 2번 실패한 뒤 확립		기원전 538년 신바빌로니아 왕국 멸망

백제 초기의 토성터 몽촌토성

온조, 위례성에서 백제 건국

온조는 주몽의 셋째 아들로, 이복형 유리가 찾아오자 비류와 함께 남쪽으로 내려왔어요. 온조는 기원전 18년 하남 위례성(서울)에, 비류는 미추홀(인천)에 도읍을 정했는데, 후에 온조에게 통합되자 나라 이름을 십제에서 백제로 고쳤어요.